這本書的小主人 ＿＿＿＿＿＿＿＿

# 密碼攻防戰

# 編者的話

人稱「AI之父」的英國科學家艾倫・圖靈（**Alan Turing**）曾說：「我們要問的問題不在於電腦能否在測試中表現優異，而在於能否構想出可以表現優異的電腦。」在這個科技日新月異的時代，要培養孩子適應快速變動的環境，成為不斷自我充實的學習者，最新的教育素養——**STEAM** 教育（科學、技術、工程、藝術、數學）應運而生。

**STEAM** 教育除了鼓勵跨領域學習外，更重視引導孩子建立邏輯思維，鍛鍊出運用所學、所知於日常生活的能力。而在這個時代，資訊科技便是孩子觀察世界、思索疑問的好工具。因此，本系列產品從生活化的故事場景展開，旨在陪伴孩子探索身旁的多元資訊，進而學習透過自身的觀察，對目標提出合理假設，最終運用電腦編程來驗證假設、實踐目標。

本書故事〈密碼攻防戰〉，便是以「親友分隔兩地」這樣常見的生活情境作為切入點，透過主角與堂兄弟共同完成驚喜任務的交流過程，為孩子揭示通訊科技的前世今生，並體會密碼技術的趣味和重要性。如同加密與解密間的攻防，以人類文明在面對挑戰時所激發的進步契機，協助孩子開拓自主思考的創意之路，即是我們編撰的目標。

【**AI** 科學玩創意】運用可愛、有趣的元素，展現深入淺出的生活科學原理；以嚴謹但不嚴肅的基調，引導孩子在日常生活中建構條理分明的電腦邏輯思維，讓小讀者們在舒適的閱讀過程中汲取新知、親手編程，厚植邁向 **AI** 新時代的關鍵「資訊力」。

# 特色

## 故事為中心 讓知識融入生活

以小波一家人的登場為開頭，藉由孩子天真發問的口吻，點出生活現象背後隱藏的知識與原理。在引導小讀者邏輯思考的同時，更能和自身生活環境結合，增加自主學習的熱情，培養見微知著的觀察力。

## 循序漸進的說明方式
## 包羅萬象的內容呈現

書中透過小波和莉莉對生活環境的觀察，進一步延伸到文化與科技上的應用、思考，讓小讀者能從熟悉的生活經驗出發，在閱讀過程中一步步拓展、發掘未知的學習領域，領略知識與科技的美好。

## 跨領域多元學習
## 培養多重能力

本產品以國際風行的「STEAM」教育為核心，內容結合自然科學、資訊科學、數學、藝術、語言、文化、道德等多元素養，幫助孩子建立跨領域思維，訓練邏輯思考、閱讀及理解能力。

STEAM

# 目錄

◆ 密碼攻防戰 ················································ 06

◆ 密碼學：祕密保衛戰 ····································· 08

◆ 我是密碼大師：

   1. 斯巴達密碼棒 ········································ 11

   2. 凱撒密碼 ············································· 14

   3. 滴答滴答的摩斯電碼 ······························ 17

      ⊙創意通訊：變變變 ······························ 18

   4. 旗語動起來！ ······································· 22

   5. 溝通幫手：表情符號 Emoji ··················· 25

      ⊙資訊安全守護者！ ······························ 28

◆ 趣味實作：驚奇巴士 ································· 30

◆ 演算法 ··················································· 34

◆ 一起來 PyCode ！ ································· 40

   ⊙認識 LED 燈及陣列彩色燈指令

◆ 密碼燈光秀 ············································· 42

◆ 動動腦解答 ············································· 60

# 人物介紹

## 湯姆
傑登的爸爸，
工程師，年齡
約 40 歲左右。

## 艾米
傑登的媽媽，
英國人，家庭主婦，
年齡約 40 歲左右。

## 小波
7 歲的小男孩，
喜歡科學、
充滿好奇心。

## 媽媽
學校教師，年齡約 40 左右，
個性細心、平易近人。

## 爸爸
學校教師，年齡約 40 左右，
個性溫文爾雅、有耐心。

## 傑登
傑登比莉莉大 1 歲，
是小波、莉莉住在
國外的堂兄弟。

## 派奇
很聰明的機器人，
可以和人類對話。

## 莉莉
4 歲的小女孩，
活潑可愛。

5

「叮咚——」突然響起的電鈴聲，打斷了正在聊天的小波一家人。原來是傑登寄給小波、莉莉的來信。前陣子視訊聊天時，三個孩子約好要祕密進行一場密碼任務。

「我來！我來！」莉莉興奮地拆開信封。信封裡有五張紙條，只見紙條上都是黑點和線條，以及排列錯亂的文字。

莉莉不禁皺起眉頭：「傑登為什麼不把字寫好，而是在信上亂畫呢？」

「那是傑登給我們的密碼，我們快去解碼，完成任務！」小波很興奮地對莉莉說。

# 密碼學：祕密保衛戰

　　小朋友，你有沒有和朋友說過「悄悄話」呢？兩個人靠得很近，除了放低音量之外，還要舉起手遮住嘴巴，就是怕重要的訊息──也就是需要保護的「祕密」──洩漏出去！

　　如果朋友不在身邊，沒辦法親自說話傳遞訊息，只能改用寫信、email 或打電話等方式聯繫時，該怎麼保護祕密在過程中不被偷看、偷聽或竄改呢？

該 怎 麼 保 護 祕 密 ？

## 使用封蠟黏住信封？

如果有人拆開信封，封蠟就會被破壞！雖然能讓收件人知道信件曾經被拆開、偷看過，祕密卻還是洩漏出去了。

## 把祕密信件鎖在箱子裡？

如果有人撿到鑰匙，或是因為太想知道祕密而破壞鎖或箱子，祕密還是會曝光！

## 把檸檬汁當墨水，寫一封文字隱形的信？

如果偷信的人也知道加熱後，紙張上檸檬汁寫過的地方，會比其他地方更快碳化變成咖啡色，祕密還是藏不住！

保護祕密的方法有很多，將要傳遞的訊息
改寫成讓人看不懂的「密碼」就是一個好方法。

只要我們和朋友事先約定好一套改寫和解讀信件的
特殊規則，就算祕密信件被偷看了，其他人也看不懂訊
息的內容。而這個「特殊規則」，就是所謂的「密碼」
（cipher）。將信件內容轉換成密碼的過程，可以分成幾
個環節：

信件內容

加 密

根據規則改寫

暗文

密碼

解 密

根據規則解讀

信件內容

一直以來，人們都有使用、破解密碼
的需求，逐漸形成了專門研究密碼的學問：
「密碼學」（Cryptography）。

哥哥，那麼，還有什麼
保護祕密的好方法呢？

傑登信裡的五張紙條
就是五種密碼學。我
們一起去解密！

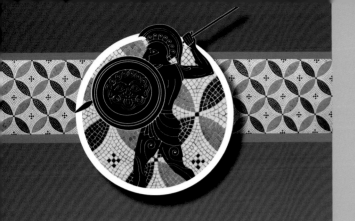

# 我是密碼大師

自古以來，人們就不斷在加密和解密之間競爭。畢竟有些祕密事關重大，像是戰場上軍隊的戰略，就可能影響無數人的性命。因此，我們必須想方設法保密，同時也要絞盡腦汁破解敵軍的機密訊息。歷史上出現了各式各樣有趣的加密規則，讓我們先從兩種簡單的密碼開始，踏出成為密碼大師的第一步吧！

莉莉看著紙條苦惱地問：「哥哥，傑登到底想告訴我們什麼呀？」

小波興致勃勃地把五張紙條排在一起研究、分析及歸納。他把有文字及數字的紙條共 2 張排一起，其他有符號及圖形的紙條共 3 張排一起。

「莉莉，我們先來破解有文字但看不懂意思的紙條。」小波說。

## 任務 1

傑登第 1 號紙條

我．。。 媽要 国給 六

你解開密碼了嗎？任務 1 答案就在第 27 頁

# 斯巴達密碼棒
## （Scytale）

密碼棒是一種古老又有趣的加密方式，早在古希臘時期，斯巴達軍隊就已經開始使用密碼棒來傳遞訊息。

首先要準備一根棒子，並纏上布條或紙條。

接著，在布條上往橫的方向寫下訊息。

完成後，把布條解開，原本的訊息就會變成一長串的密碼囉！

收到密碼的人，只要有和發出密碼的人粗細相同的棒子，再將布條纏繞回去後，就能輕鬆解開謎底囉！

小波打開平板電腦，上網查詢一番後說：「找到了！我猜這張紙條使用了斯巴達密碼棒的加密方式。我們需要一支圓柱棒來解密。」

莉莉想到鉛筆，馬上將紙條繞在筆上。「怎麼還看不懂呀！」莉莉苦惱地問。
小波突然想起視訊時，傑登突然提到了他食指受傷的事。「那應該是線索。」小波心裡想著，馬上試著把紙條繞在食指上，解開了第一道密碼題。

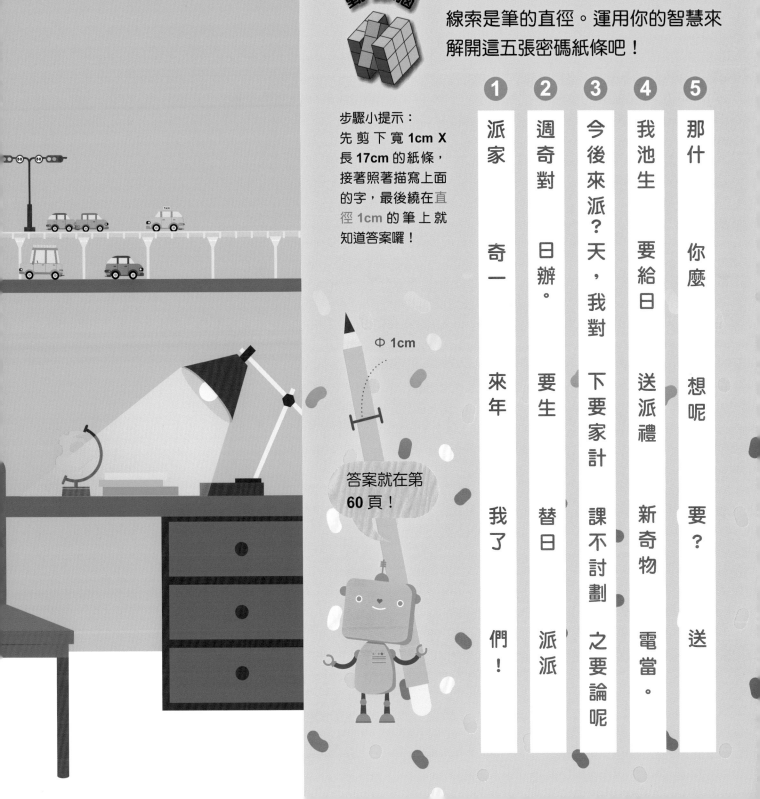

動動腦

莉莉覺得很好玩，也設計了五題，線索是筆的直徑。運用你的智慧來解開這五張密碼紙條吧！

步驟小提示：
先剪下寬 1cm X 長 17cm 的紙條，接著照著描寫上面的字，最後繞在直徑 1cm 的筆上就知道答案囉！

Φ 1cm

答案就在第 60 頁！

① 派家　奇一　來年　我了　們！

② 週奇對　日辦。　要生　替日　派派

③ 今後來派？天，我對　下要家計　課不討劃　之要論呢

④ 我池生　要給日　送派禮　新奇物　電當。

⑤ 那什　你麼　想呢　要？　送

# 凱撒密碼
## (Caesar cipher)

凱撒密碼是一種很簡單的加密技巧，相傳是羅馬帝國的知名將領——凱撒——曾用來祕密傳遞軍情的方式。

只要將原本訊息中的字母，按照事先選定的數目，將字母表的順序向前或向後移動（例如：往前移動 3 個字母或向後移動 2 個字母等等），再用得出的新字母取代文字，就能將訊息改寫成大家都看不懂的密碼囉！

讓我們試著用「雞蛋」的英文單字「egg」，來測試看看凱撒密碼的轉換方式吧！如果字母表「往前移動 4 個字母」，會變成什麼樣子呢？

| 原本的順序 | 1 | 2 | 3 | 4 | 5 | 6 | 7 | 8 | 9 | ··· |
|---|---|---|---|---|---|---|---|---|---|---|
| 英文 26 字母 | A | B | C | D | E | F | G | H | I | ··· |

| 23 | 24 | 25 | 26 | 1 | 2 | 3 | 4 | 5 | 6 | 7 | 8 | 9 | ··· |
|---|---|---|---|---|---|---|---|---|---|---|---|---|---|
| A | B | C | D | E | F | G | H | I | J | K | L | M | ··· |

往前移動 4 格　　　　　　用新字母取代原本的字母

如此一來，原先的單字「egg」就變成「ikk」囉！真有趣呢！

## 任務 2
### 傑登第 2 號紙條

AYIC
(+2)

你解開密碼了嗎？任務 2 答案就在第 27 頁

莉莉開心地拍手喊道：「哇！太棒了！解密遊戲好好玩。」兄妹倆接著拿出第二張紙條，上面寫著一串看不懂的英文字母。

「我知道！這是凱撒密碼，我和同學一起玩過。」小波看完紙條後胸有成竹地說：「傑登給我們的線索是受傷的食指。食指是手的第二根手指，我想，只要把每個英文字都往後推兩格就行了！」

莉莉佩服地看著小波：「哥哥好厲害，那我們一起來解答。」

**動動腦**

我想送給傑登 5 個小禮物！解開這幾道凱撒密碼，猜猜看禮物是什麼吧！

1 AYP（+2）　　2 ERRN（-3）
3 KHUHM（+7）　4 UJSHNQ（-5）
5 WOJ（+6）

答案在第 60 頁

AYIC（-2）

「這些密碼真有趣！」小波說，「而且我總覺得，傑登第三張紙條上的點和線，我好像在哪裡看過⋯⋯」

莉莉也湊上前仔細看，突然開心地喊道：「我知道！是之前露營的時候，爸爸教我們的『摩斯電碼』！」

「哇！莉莉記得真清楚！」小波稱讚地說：「那我們一起查查看摩斯電碼該怎麼解密。」小波和莉莉立即用平板電腦查詢了相關知識。

「原來是為了用來發送電報，所以才叫摩斯『電碼』呀！」小波一邊說，一邊看著平板電腦，「我們來對照看看，傑登到底想說什麼！」

莉莉疑惑地問：「傑登特地寫信來說這句話，好麻煩喔！傳訊息不是方便多了嗎？」

小波回答道：「這樣很容易被大人發現，就不是驚喜了！現在傳訊息太方便，不知道以前相隔兩地的人都是怎麼溝通的？」說完他帶著莉莉上網搜尋資料。

## 任務 ③
傑登第 3 號紙條

你解開密碼了嗎？任務 ③ 答案就在第 **27** 頁

# 滴答滴答的摩斯電碼

18 世紀開始，科學家開始對電力展開各式各樣的研究。到了 19 世紀，在注意到電流能夠像磁鐵般吸引金屬之後，美國發明家薩繆爾・摩斯（**Samuel Morse**）便利用這個原理設計了透過電流來傳遞訊息的電報（**Telegraphy**）系統，並和夥伴一起構思了用於電報通訊的「摩斯電碼」（**Morse code**）。

用電報機發送電報時，只要按下按鍵就會發出聲響。快速輕巧地按一下，稱為「滴」，長按稱為「答」。摩斯電碼就是利用聲音的長短組合，來代表不同的字母，用「點」代表短音的「滴」，「橫線」代表長音的「答」。接收電報的人，只要聽見長長短短的滴答聲，就能根據電碼表，將聲音轉換成對應的字母來獲得訊息。

| A | B | C | D | E | F | G | H | I |
|---|---|---|---|---|---|---|---|---|

| J | K | L | M | N | O | P | Q | R |
|---|---|---|---|---|---|---|---|---|

| S | T | U | V | W | X | Y | Z |
|---|---|---|---|---|---|---|---|

## 動動腦

「摩斯電碼好有趣喔！」莉莉開心地說：「我知道要如何祕密分享我的巧克力了！」莉莉想把巧克力跟班上的五位同學分享，解開摩斯電碼，猜猜看莉莉分享給哪些人吧！答案在第 60 頁

1. ・ーーーー
2. ・ー・ー・・ー・ーー
3. ー・ー・ーー
4. ・・ーー・
5. ー・ー・・・ー・ーー

# 創意通訊變變變

小朋友，你有沒有寄過信呢？在沒有電話、網路的時代，如果想和遠方的朋友溝通，又該怎麼做呢？讓我們一起來看看各種充滿創意的遠距通訊方式吧！

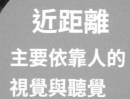

## 信號煙

早期有些美國原住民部落，會利用斷斷續續的煙霧訊號來互相溝通；現代的煙霧則多用在遇難時緊急求救用。

## 鼓聲

部分的非洲傳統部落，會透過鼓聲傳遞訊息、互相溝通。

### 近距離
主要依靠人的視覺與聽覺

## 視覺電報塔

在電報發明之前，就有利用木桿位置變化來傳遞訊息的「視覺電報」。只要知道木桿位置代表什麼字母，在互相看得見的距離內，就能進行溝通。也能像烽火臺一樣，將訊息一站一站地傳出去。

## 號角

古代常用號角聲來指揮軍事作戰。在現代社會中，號角則多半被小喇叭、軍號等樂器取代，但仍然可以用來傳遞訊息。

## 電訊時代

在電報發明後，人類的遠距通訊方式便開始逐漸依賴電力。如今，生活已離不開電話、簡訊、email 或通訊 APP 的協助。

## 飛鴿傳書

像鴿子這樣方向感良好的鳥類，只要經過訓練，就能夠飛過地形阻礙，迅速地傳遞訊息，可說是最早的「空運」。

## 遠距離

透過人力、獸力、電力等方式傳遞

## 驛站

在各個地方設置相關機構，提供食宿和交通工具（馬匹、船、車輛等），讓負責送信的人可以快速地一站一站接力傳遞下去。

## 信差

不管是文字或口頭訊息，都能透過人力步行傳到遠方。例如：馬拉松的由來，就是為了紀念傳說中從馬拉松一路長跑，將軍隊戰勝敵人的好消息傳回的雅典士兵。

「鴿子也能送信，感覺好可愛喔！」莉莉憧憬地說，「如果我們也能請鴿子幫忙把訊息傳給嬸嬸就好了。」

小波搖搖頭，說：「送信鴿要訓練很久，來不及的！而且傑登住在國外，讓鴿子飛那麼遠也很辛苦呀！」

莉莉說：「我們應該用很特別的方式傳過去！」

「對呀！」小波說：「傑登特地寫了神祕的密碼信來，我們的訊息也要特別一點才行！」

兄妹倆拿出傑登的第四張紙條，上面盡是一些雙手舉旗的可愛小人圖案。

「這些人看起來好像在跳舞喔！」莉莉指著紙條上的人，笑著說。

小波眼睛一亮：「我知道！這是旗語，學校的童軍團有練習過！」說完立刻拿起旗子揮來揮去。

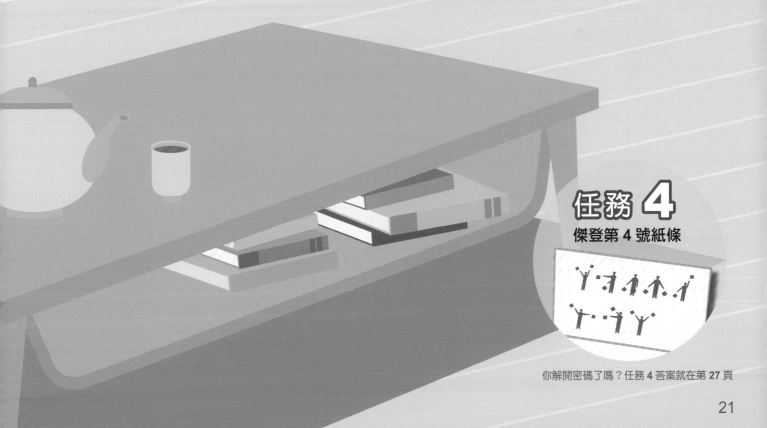

任務 4
傑登第 4 號紙條

你解開密碼了嗎？任務 4 答案就在第 27 頁

# 旗語動起來！

旗語（**Flag semaphore**）又稱為「手旗信號」，是一套具有統一動作規定、透過雙手揮舞旗幟來進行遠距溝通的方式，通常運用在軍事、航海或童軍活動上。

由於早期沒有電話、無線電等通訊設備，在廣大的海面上，兩艘船上的人難以透過聲音傳遞訊息，因此便產生了利用旗幟的顏色、符號等視覺資訊來溝通的方式，而旗語便是其中之一。

現在我們就來試著解開上一頁傑登的訊息吧！你解密了嗎？答案就在 **27** 頁。

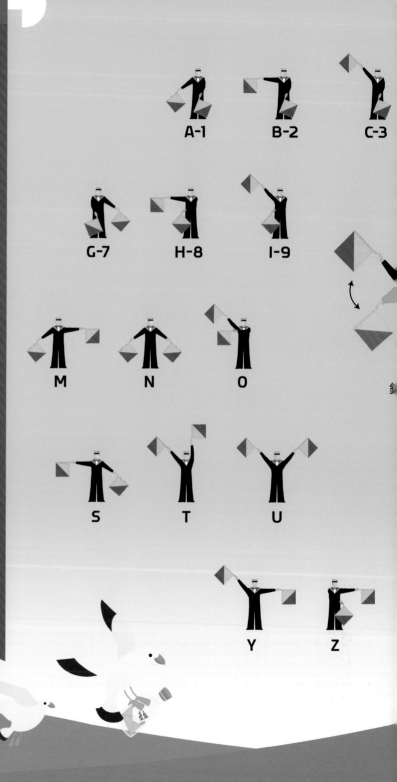

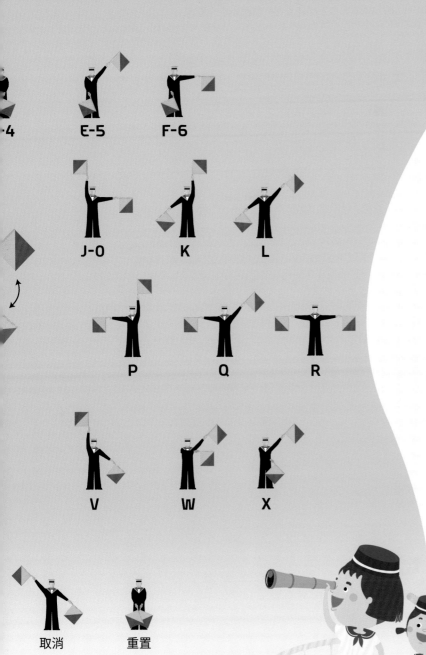

E-5  F-6

J-0  K  L

P  Q  R

V  W  X

取消  重置

動動腦

我想用旗語密碼偷偷告訴小波:

**(1)** 有幾個同學會來參加
派奇的生日派對?

**(2)** 有幾個生日蛋糕?

**(3)** 有幾個禮物?

**(4)** 有幾支蠟燭?

**(5)** 在哪兒舉辦,猜猜看答案
是什麼?

答案就在 **60** 頁。

「解密真好玩！」莉莉開心地說：「剩下最後一張紙條，讓我來解開它！」，她拿出信封裡的紙條，上面畫著可愛的小圖案。

「平常傑登傳訊息給我們的時候，都會加上小花、星星、笑臉之類的小圖案。」莉莉說。

小波在平板電腦中開啟了通訊軟體，他說：「真的耶！莉莉觀察得好仔細。我想，傑登是想透過紙條圖案說他愛我們！」

## 任務 **5**
### 傑登第 5 號紙條

你解開密碼了嗎？任務 5 答案就在第 27 頁

# 溝通幫手
# 表情符號 emoji

豎起大拇指比「讚」，用來同意朋友說的話；一個可愛的蛋糕，代表今天生日；或是大笑流淚的黃色圓臉，說明了文字也難以表達的激動心情……小朋友，在使用網路傳遞訊息時，你是否使用過這些「表情符號」呢？

這些色彩繽紛的可愛小圖案，英文稱為「emoji」，來自日文音譯，而中文多半翻譯成「表情符號」，世人稱「表情符號之父」的栗田穰崇（**Kurita Shigetaka**）在 1999 年前後所創造。

在原本只有文字的訊息中加入這些圖案，除了能增加趣味之外，也能將文字不易表達的「語氣」、「眼神」和「表情」等元素視覺化，使雙方的溝通變得更容易。

如今，表情符號已經成為全球流行文化和網路語言不可或缺的一部分，最受歡迎的圖案之一———「喜極而泣」的笑臉———甚至曾在 **2015** 年被權威性的《牛津字典》選為年度代表字，對我們生活的影響力可見一斑。

**動動腦**

你收到了 5 串表情符號 emoji，分別代表一句成語，你猜對了嗎？

**01** 　　**02** 　　**03**

**04** 　　**05**

答案在第 60 頁

莉莉疑惑地問，「不過，傑登特地寫信來說這些，不會覺得很麻煩嗎？」

「這樣祕密才不容易被發現啊！」小波對莉莉說，「妳知道資訊也有小偷嗎？」

這樣說來，密碼真的很重要呢，可以保護我們的祕密不被洩露。」莉莉說。

「是啊，我們來看看傑登要告訴我們什麼吧！」小波把紙條排列在桌上。

日 生 六 周 媽 我
喜 驚 她 給 要 ，

兄妹俩將最後一張紙條解密後，將解答訊息排出來：

第 1 號紙條：我媽周六生日，要給她驚喜。

第 2 號紙條：CAKE

第 3 號紙條：VIDEO

第 4 號紙條：THANK YOU

第 5 號紙條：LOVE YOU

原來是傑登請小波及莉莉幫忙拍攝蛋糕影片當作送嬸嬸的生日禮物。

莉莉拍拍手說：「我們好厲害哦！任務完成！」

「不，任務現在才正要開始！」小波說：「傑登要我們錄生日影片，送給嬸嬸當驚喜！」

莉莉問：「要怎麼做呢？」

小波向莉莉提議道：「我們用摩斯電碼傳送 AUNTIE，再用表情符號 emoji 傳送蛋糕及愛心送給嬸嬸，妳覺得如何？」

「好啊！但是，我們要怎麼把摩斯電碼傳出去呢？」莉莉好奇地問。

小波看見櫃子上的全家福，靈機一動：「莉莉，你還記得我們曾用 AI 市智慧大樓上的燈光傳訊息給媽媽嗎？嬸嬸是英國人，這次我們來做一輛『驚奇巴士』，請派奇幫忙用燈光做出摩斯電碼後，再錄下影片請爸爸傳送給嬸嬸，好嗎？」

莉莉：「太棒了！這樣一來不但可以完成任務，還不會讓爸媽發現我們的祕密。嬸嬸收到後一定會很開心！」

派奇說：「快！讓我們一起去做雙層巴士模型！」

# 資訊安全守護者

比起早期的通訊方式，在仰賴網路通訊的時代裡，傳送訊息變得更簡單、方便，但是相對地，訊息也更容易被洩漏、破壞或是造假，讓資訊安全遭受到威脅。

透過網路，除了可以傳訊息，還能輕鬆完成生活中的大小事，例如：網路購物、線上繳費等，同時也衍生出許多網路犯罪手法，所以「密碼學」便成了傳遞訊息的保密機制，利用加密和解密的過程，來保護我們的資訊安全。

面對資訊安全問題，養成良好的通訊設備使用習慣也是其中一環，我們可以這樣做：

不隨便安裝來源不明的程式

定期過濾有害郵件

設定電腦和手機的密碼

# 趣味實作 驚奇巴士

## 電子教具明細

**AAA 電池 x4**
（需自備）

**小拍**

**電池盒**

**三顆 LED 燈 x6**

**連接線 5cm x5**

**連接線 20cm x1**

## 電子教具安裝步驟

**1**

將 4 顆電池按照正、負極，
放進電池盒裡。

**2**

依照插頭方向，將電池盒上的電
線接到小拍的 **02** 槽。

**3**

開啟電腦藍牙，並搜尋和小拍
符合的號碼，確認電腦和小拍
是否成功連線。

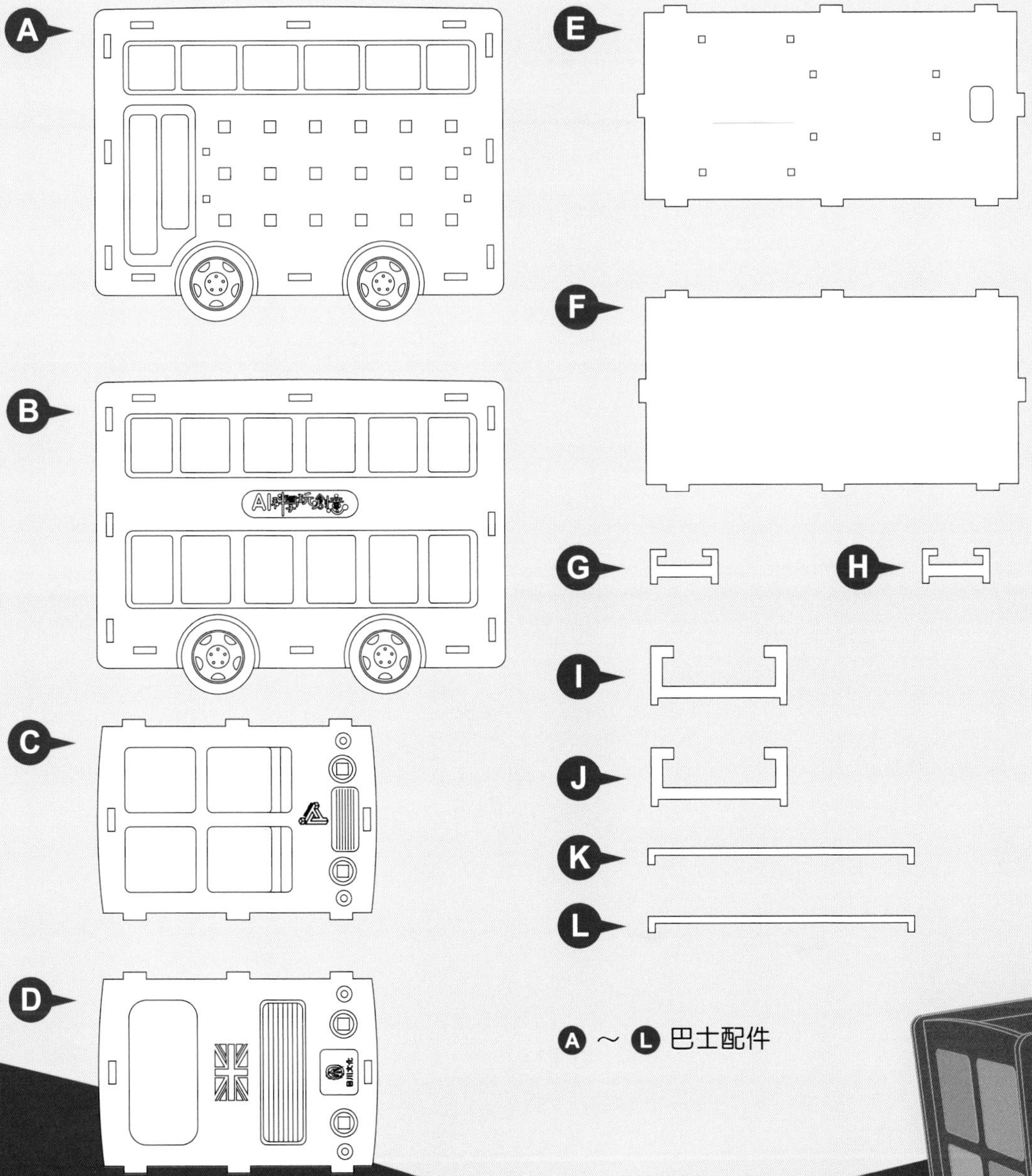

A

B

C

D

E

F

G  H

I

J

K

L

Ⓐ ～ Ⓛ 巴士配件

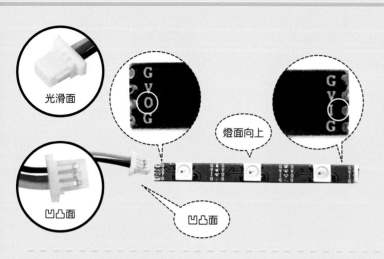

◆ 每一條連接線有兩端，每一端的插頭有兩面：光滑面及凹凸面。

◆ 凹凸面及燈面方向須朝同一側。

◆ 連接 LED 燈時，連接線從 I 端（Input 輸入）接入，由 O 端（Output 輸出）接出，再接入下一個 LED 燈的 I 端，以此類推。

◆ 連接小拍 01 槽的連接線，須接入 LED 燈的 I 端。

## LED 燈條矩陣排列與串聯方式如下圖

請注意因裝在內側，燈號起始方向會與正面看見時左右鏡射

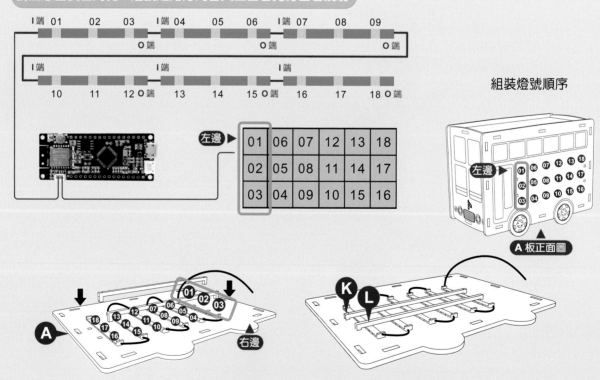

取出 A 板，空白面向上，依圖示組裝燈條並連接線

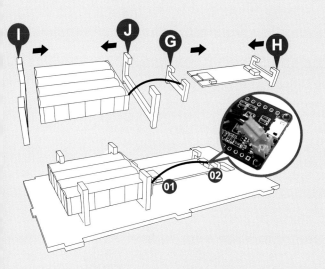

依圖示將電池盒與小拍裝上底板 **E** 固定，
並將電池盒電上電源線連接至小拍 **02**。

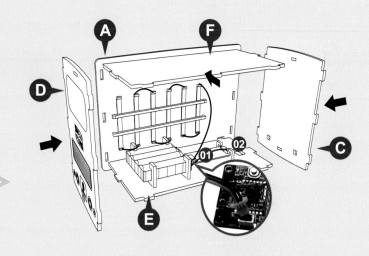

依圖示依序分別將 **C**、**D**、**E**、**F**、**A** 組裝，
並將燈條連接線連接至小拍 **01**。

組裝
完成

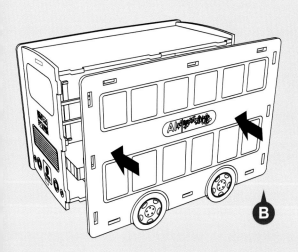

依圖示最後將 **B** 組裝

詳細步驟與說明請參考操作手冊

# 演算法

「演算法」就是把要完成的任務將它的進行流程設計出來，再照流程進行探究、程式設計、實驗、修正、除錯、紀錄及總結。每個大任務都有許多小任務，「演算法」也一樣喔！

終於把巴士模型做好了！接下來要設計「演算法」。舉例來說，如果今天傑登要來家裡玩，而你們負責打掃客廳來迎接他，你們會從哪裡開始呢？

你問對人了，派奇！我是班上的衛生股長喔！讓我跟大家分享我的做法。

**1** 準備打掃工具

**2** 把桌椅挪開

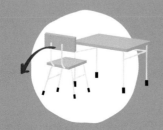

**3** 用掃把掃大垃圾

**4** 用吸塵器吸灰塵

演算法沒有對、錯，因為每個人完成任務的方式不同，只要能做出想要的結果，就是一個好的演算法。但要注意電腦的思考方式和人類不同。如果沒把具體細節考慮清楚，電腦依照演算法執行任務時，就可能出現意料之外的結果！

咦？我打掃得也很乾淨呀！可是我不喜歡用掃把掃，直接用吸塵器吸完地板就拖地了，這樣不對嗎？

用電風扇或冷氣，不是用嘴吹乾啦！

嗶！執行…..步驟 6、吹乾地板。嗶！

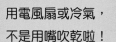

**5** 開始拖地

**6** 吹乾地板

**7** 將桌椅歸位

**8** 清潔溜溜

# 密碼燈光秀 之 演算法

瞭解了「演算法」，讓我們來設計
本次生日影片製作的「演算法」，把它
畫出來。

> 現在我們可以來想一想，該怎
> 麼用燈光展現密碼燈光秀並錄
> 製影片。該從哪裡開始才好呢？

## 05

密碼燈光秀

點亮摩斯電碼

「AUNTIE

### 演算法

| | | | | | |
|---|---|---|---|---|---|
| A | 01 | 06 | 07 | 12 | 13 |
| | 02 | 05 | 08 | 11 | 14 |
| | 03 | 04 | 09 | 10 | 15 |
| U | 01 | 06 | 07 | 12 | 13 |
| | 02 | 05 | 08 | 11 | 14 |
| | 03 | 04 | 09 | 10 | 15 |
| N | 01 | 06 | 07 | 12 | 13 |
| | 02 | 05 | 08 | 11 | 14 |
| | 03 | 04 | 09 | 10 | 15 |
| T | 01 | 06 | 07 | 12 | 13 |
| | 02 | 05 | 08 | 11 | 14 |
| | 03 | 04 | 09 | 10 | 15 |
| I | 01 | 06 | 07 | 12 | 13 |
| | 02 | 05 | 08 | 11 | 14 |
| | 03 | 04 | 09 | 10 | 15 |
| E | 01 | 06 | 07 | 12 | 13 |
| | 02 | 05 | 08 | 11 | 14 |
| | 03 | 04 | 09 | 10 | 15 |

**01**

準備：
· 平板
· 開機
· **PyCode**

**02**

畫出要展現
的訊息及
圖樣

**03**

在方格上點
出位置

**04**

· 設計亮法
· 長度
· 次數

哥哥，你看！我已經把「**AUNTIE**」嬸嬸的英文單字用摩斯電碼全部畫在紙上了！

你真聰明，莉莉！現在，我們可以把「演算法」先畫出來，再照「演算法」進行。這樣一來，哪些位置要亮燈就一目了然了！

## 06

**PyCode**

**LED 燈指令**

• 選取

彩色燈

• 選取

陣列彩色燈

## 07

• 驗證
• 除錯
• 修正程式

## 08

密碼燈光秀 2：

**蛋糕亮起來**

### 演算法

| 01 | 06 | 07 | 12 | 13 | 18 |
|----|----|----|----|----|----|
| 02 | 05 | 08 | 11 | 14 | 17 |
| 03 | 04 | 09 | 10 | 15 | 16 |

| 01 | 06 | 07 | 12 | 13 | 18 |
|----|----|----|----|----|----|
| 02 | 05 | 08 | 11 | 14 | 17 |
| 03 | 04 | 09 | 10 | 15 | 16 |

| 01 | 06 | 07 | 12 | 13 | 18 |
|----|----|----|----|----|----|
| 02 | 05 | 08 | 11 | 14 | 17 |
| 03 | 04 | 09 | 10 | 15 | 16 |

## 09

密碼燈光秀 3：

**愛心亮起來**

### 演算法

| 01 | 06 | 07 | 12 | 13 | 18 |
|----|----|----|----|----|----|
| 02 | 05 | 08 | 11 | 14 | 17 |
| 03 | 04 | 09 | 10 | 15 | 16 |

## 10

密碼燈光秀

**ACTION！**

電腦要照自己的演算法執行任務，使用「電腦說的話」，也就是程式語言！！現在，我們需要執行五項任務，使用「PyCode」和「小拍」溝通，有請「PyCode」幫忙點亮巴士的燈！

PyCode

這五個任務，我們真的可以完成嗎？

別擔心莉莉，就算做錯了我們也可以調整編程並反覆驗證，一定可以找到最適合自己的演算法。

每個字母都是由「點」和「橫線」所組成，要怎麼把整句話清楚地表現出來呢？

我記得爸爸說，摩斯電碼的同一個單字裡，字母和字母的間隔時間比較短，單字與單字之間則比較長！我們可以用相同的方法來表現出整句話！

AUNTIE→

那我們趕緊試試看！還有，別忘了最後的愛心！

既然你們已經構想好燈光效果了，接下來就是要把完成這個任務的詳細步驟——也就是「演算法」——整理出來！將演算法輸入電腦後，就能夠透過電腦來完成任務囉！

# 一起來 PyCode！

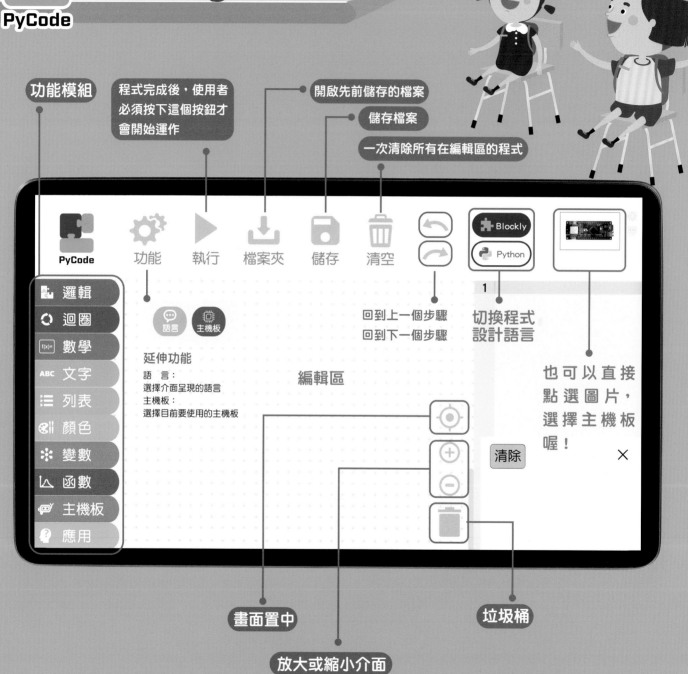

功能模組

程式完成後，使用者必須按下這個按鈕才會開始運作

開啟先前儲存的檔案

儲存檔案

一次清除所有在編輯區的程式

PyCode

功能　執行　檔案夾　儲存　清空

Blockly
Python

邏輯
迴圈
數學
文字
列表
顏色
變數
函數
主機板
應用

語言　主機板

延伸功能
語　言：
選擇介面呈現的語言
主機板：
選擇目前要使用的主機板

回到上一個步驟
回到下一個步驟

切換程式設計語言

也可以直接點選圖片，選擇主機板喔！

編輯區

1

清除

畫面置中

放大或縮小介面

垃圾桶

40

## ◎ 燈光編號怎麼數？

　　彩色燈本身沒有編號，不過當我們將彩色燈與小拍連接起來時，小拍會幫每個彩色燈編一個號碼，這樣它才知道應該點亮、關閉哪一個彩色燈！

我知道了！越靠近小拍的燈，號碼越小！

小拍最多可以連接 64 個彩色燈喔！

彩色燈 7　彩色燈 8　彩色燈 9

彩色燈 6　彩色燈 5　彩色燈 4

彩色燈 1　彩色燈 2　彩色燈 3

## ◎ 執行：小拍動起來！

派奇，我要讓 3 號燈、5 號燈一起亮藍色光，這樣做對嗎？

沒錯！想要一次多開幾個燈，就把方塊拼接起來！別忘了按下功能列中的「執行」按鈕喔！

選取　彩色燈 3 　顯示 　　開啟

選取　彩色燈 5 　顯示 　　開啟

PyCode　功能　執行　檔案夾　儲存　清空　　　Blockly　Python

# 密碼燈光秀 1

## 點亮摩斯電碼「AUNTIE」!

### 1. 確認任務目標:

巴士上的燈光訊號要怎麼亮?

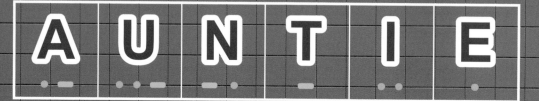

### 2. 達成目標的方式:

想一想,如何用 **PyCode** 達成目標?

要讓燈光排成摩斯電碼的短音和長音,小波和莉莉可以怎麼做?

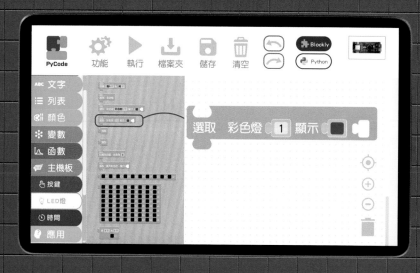

# 認識 PyCode 指令

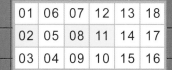

哇！成功了！莉莉你看，我讓巴士上的燈光亮成摩斯電碼中的短音「點」和長音「橫線」囉！

| 01 | 06 | 07 | 12 | 13 | 18 |
|----|----|----|----|----|----|
| 02 | 05 | 08 | 11 | 14 | 17 |
| 03 | 04 | 09 | 10 | 15 | 16 |

選取 彩色燈 **2** 顯示 開啟

選取 彩色燈 **8** 顯示 開啟

選取 彩色燈 **11** 顯示 開啟

太棒了！我也會用燈光表現出摩斯電碼的短音和長音囉！我排出的是 **U**，比哥哥的 **A** 多一個短音。

| 01 | 06 | 07 | 12 | 13 | 18 |
|----|----|----|----|----|----|
| 02 | 05 | 08 | 11 | 14 | 17 |
| 03 | 04 | 09 | 10 | 15 | 16 |

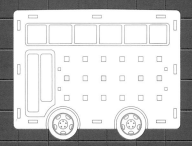

選取 彩色燈 **2** 顯示 開啟

選取 彩色燈 **8** 顯示 開啟

選取 彩色燈 **14** 顯示 開啟

選取 彩色燈 **17** 顯示 開啟

# 認識 PyCode 指令

a. 運用一般 **陣列彩色燈** 指令

## ▶ 一口氣亮起來！

要點亮一個字母，就需要用到好幾個彩色燈方塊，我們可以用「陣列彩色燈」方塊來讓指令變得更簡單！讓我們來學習它的用法，讓燈光能一口氣亮起來！

 ABC 文字

 列表

顏色

變數

函數

主機板

按鍵

LED燈

時間

應用

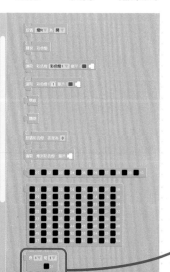

PyCode　功能　執行　檔案夾　儲存　清空　Blockly　Python

在這裡放進「陣列」方塊，就能一次設定多個彩色燈。

選取　陣列彩色燈　顯示

# 陣列方塊大不同

## 可以同時設定 1 ～ 10 號燈

■ 01 ■ 02 ■ 03 ■ 04 ■ 05 ■ 06 ■ 07 ■ 08 ■ 09 ■ 10

◆ 黑色的空格點選後就可以設定顏色。

◆ 選擇黑色的話，便是關閉這個彩色燈。

## 可以自己設定要控制多少燈

◆ 將這個方塊拉到編輯區，設定好長、寬數字後，就會產生對應大小的陣列方塊，裡面含有長寬相乘的總燈數。

使用「自訂陣列方塊」時，依照要設定的總燈數，可以自行調整最適合的長、寬數字。舉例來說，要一次設定 1 ～ 6 號燈，就可以這樣做。

## 長 3 寬 2 的（3X2）陣列

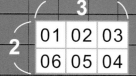

## 長 2 寬 3 的（2X3）陣列

# 急匆匆的燈光之謎

咦？我想把莉莉和我的指令方塊結合，所以先關閉彩色燈再接上莉莉的方塊。但燈光怎麼才關一下又立刻亮起，這樣怎麼讓嬸嬸和傑登知道換下一個字母了？我們的摩斯電碼會無法清楚傳遞的！

哥哥！你忘記兩個字母的摩斯電碼之間，要等待一小段短短的時間了！

　　小拍會「由上到下」的順序，快速執行所有 **PyCode** 指令，如果想請它「等一等」，就要用到 ⏱ 時間 中的等待方塊！

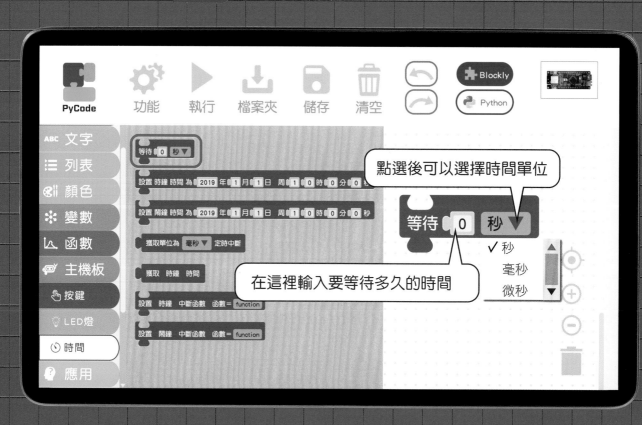

點選後可以選擇時間單位

在這裡輸入要等待多久的時間

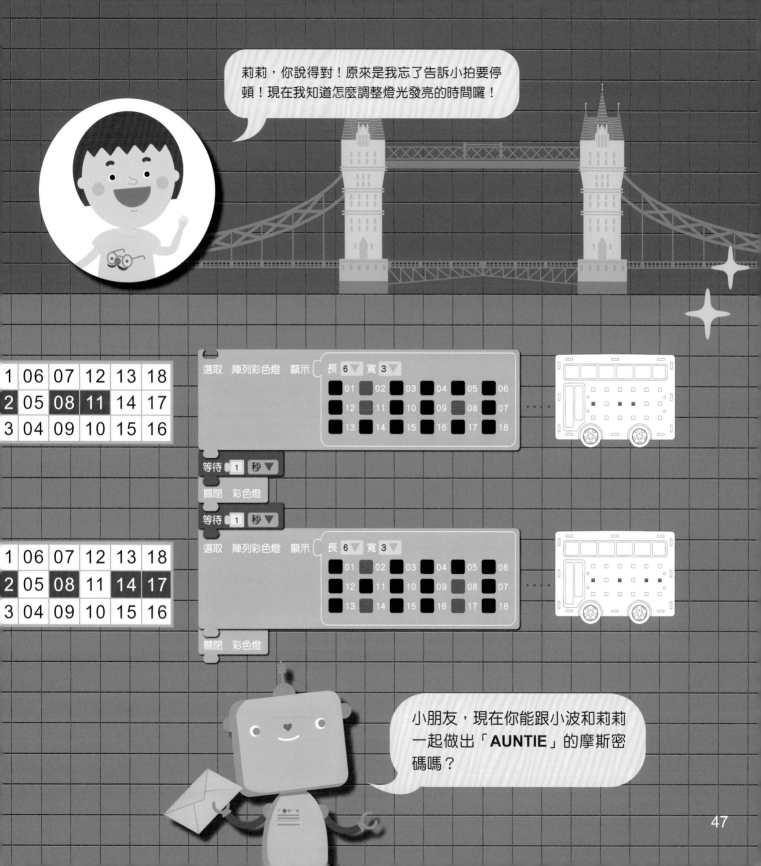

莉莉，你說得對！原來是我忘了告訴小拍要停頓！現在我知道怎麼調整燈光發亮的時間囉！

| 1 | 06 | 07 | 12 | 13 | 18 |
| 2 | 05 | 08 | 11 | 14 | 17 |
| 3 | 04 | 09 | 10 | 15 | 16 |

選取　陣列彩色燈　顯示　長 6 ▼　寬 3 ▼

01 02 03 04 05 06
12 11 10 09 08 07
13 14 15 16 17 18

等待 1 秒 ▼

關閉　彩色燈

等待 1 秒 ▼

| 1 | 06 | 07 | 12 | 13 | 18 |
| 2 | 05 | 08 | 11 | 14 | 17 |
| 3 | 04 | 09 | 10 | 15 | 16 |

選取　陣列彩色燈　顯示　長 6 ▼　寬 3 ▼

01 02 03 04 05 06
12 11 10 09 08 07
13 14 15 16 17 18

關閉　彩色燈

小朋友，現在你能跟小波和莉莉一起做出「AUNTIE」的摩斯密碼嗎？

47

## 3. 實驗與驗證：

將所有 **PyCode** 方塊組合完成後，
按下 ，確認燈光效果。

成功了！我們讓燈光亮出摩斯電碼的樣子囉！

換傑登和嬿嬿破解我們的燈光謎題啦！

| 01 | 06 | 07 | 12 | 13 | 18 |
|----|----|----|----|----|----|
| 02 | 05 | 08 | 11 | 14 | 17 |
| 03 | 04 | 09 | 10 | 15 | 16 |

選取 陣列彩色燈 顯示 長 6 ▼ 寬 3 ▼

| ■ 01 | ■ 02 | ■ 03 | ■ 04 | ■ 05 | ■ 06 |
| ■ 12 | ■ 11 | ■ 10 | ■ 09 | ■ 08 | ■ 07 |
| ■ 13 | ■ 14 | ■ 15 | ■ 16 | ■ 17 | ■ 18 |

等待 1 秒 ▼

關閉 彩色燈

等待 2 秒 ▼

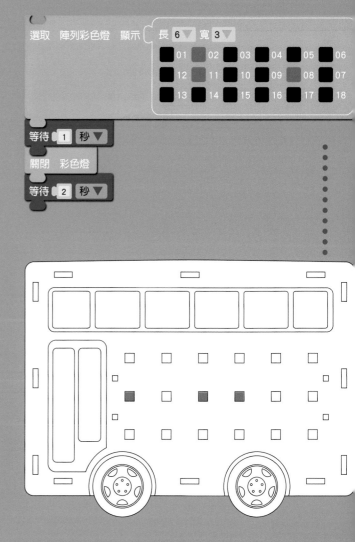

# U   1 秒 → 2 秒 → 關閉 →       N   1 秒 → 2 秒 → 關閉 →

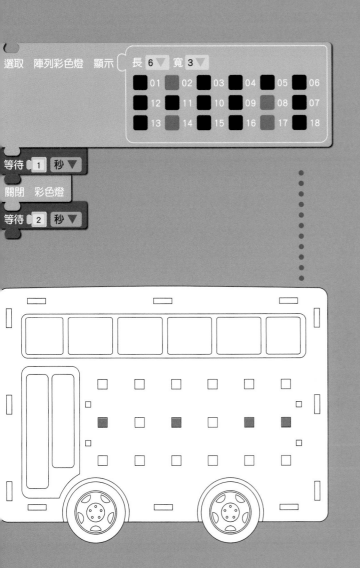

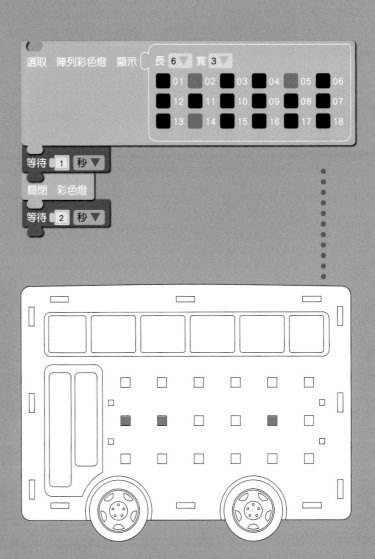

1 秒 → 關閉 → 2 秒 →

| 01 | 06 | 07 | 12 | 13 | 18 |
|----|----|----|----|----|----|
| 02 | 05 | 08 | 11 | 14 | 17 |
| 03 | 04 | 09 | 10 | 15 | 16 |

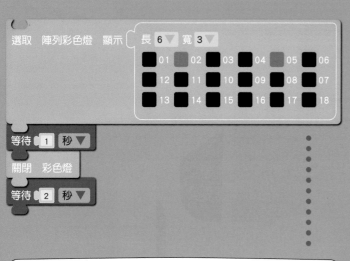

選取 陣列彩色燈 顯示 長 6 ▼ 寬 3 ▼

等待 1 秒 ▼
關閉 彩色燈
等待 2 秒 ▼

1 秒 → 關閉 → 2 秒 →

| 01 | 06 | 07 | 12 | 13 | 18 |
|----|----|----|----|----|----|
| 02 | 05 | 08 | 11 | 14 | 17 |
| 03 | 04 | 09 | 10 | 15 | 16 |

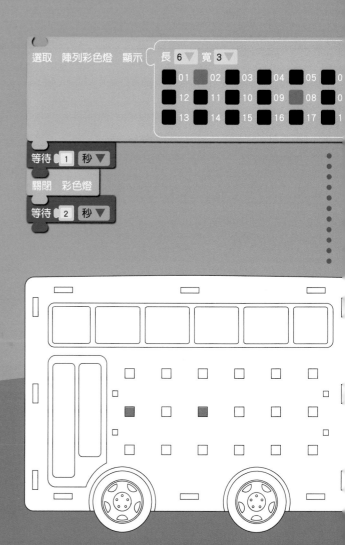

選取 陣列彩色燈 顯示 長 6 ▼ 寬 3 ▼

等待 1 秒 ▼
關閉 彩色燈
等待 2 秒 ▼

50

**E**

1 秒 → 關閉 3 秒 →

| 01 | 06 | 07 | 12 | 13 | 18 |
|----|----|----|----|----|----|
| 02 | 05 | 08 | 11 | 14 | 17 |
| 03 | 04 | 09 | 10 | 15 | 16 |

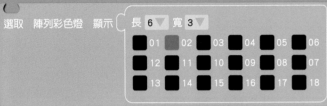

選取 陣列彩色燈 顯示 長 6 ▼ 寬 3 ▼

| ■ 01 | ■ 02 | ■ 03 | ■ 04 | ■ 05 | ■ 06 |
| ■ 12 | ■ 11 | ■ 10 | ■ 09 | ■ 08 | ■ 07 |
| ■ 13 | ■ 14 | ■ 15 | ■ 16 | ■ 17 | ■ 18 |

等待 1 秒 ▼

關閉 彩色燈

等待 3 秒 ▼

# 密碼燈光秀 ❷

## 蛋糕亮起來！

摩斯密碼完成了！
接下來試試看蛋糕吧！

| 01 | 06 | 07 | 12 | 13 | 18 |
|----|----|----|----|----|----|
| 02 | 05 | 08 | 11 | 14 | 17 |
| 03 | 04 | 09 | 10 | 15 | 16 |

| 01 | 06 | **07** | **12** | 13 | 18 |
|----|----|----|----|----|----|
| 02 | 05 | 08 | 11 | 14 | 17 |
| 03 | 04 | 09 | 10 | 15 | 16 |

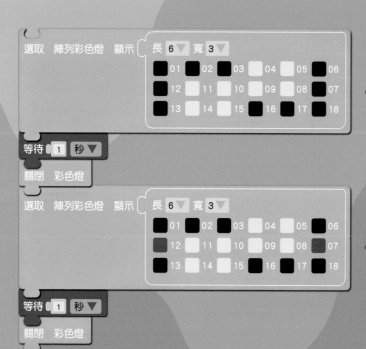

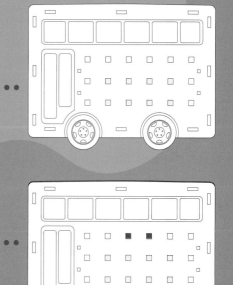

選取　陣列彩色燈　顯示　　長 6 ▼　寬 3 ▼

01　02　03　04　05　06
12　11　10　09　08　07
13　14　15　16　17　18

等待 1 秒 ▼

關閉　彩色燈

選取　陣列彩色燈　顯示　　長 6 ▼　寬 3 ▼

01　02　03　04　05　06
12　11　10　09　08　07
13　14　15　16　17　18

等待 1 秒 ▼

關閉　彩色燈

我想讓蠟燭火光有重複閃爍的效果，有沒有什麼辦法呢？

這裡可以使用迴圈來幫忙喔！

想要重複好幾次相同的效果時，我們也可以使用 ○ 迴圈 功能中的方塊

莉莉你看，我也會用迴圈方塊了！我讓愛心熄滅了又亮起來 3 次，漂亮吧？

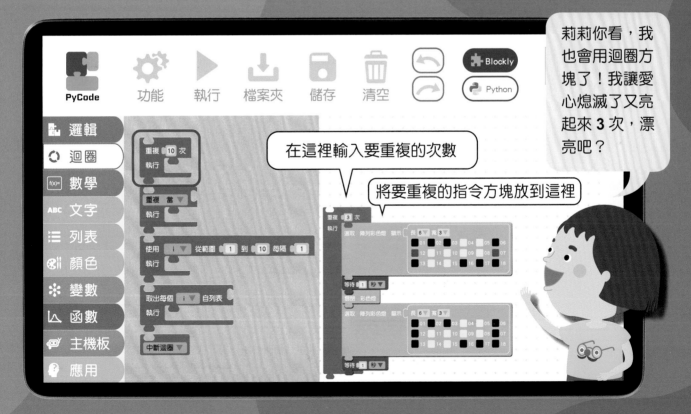

在這裡輸入要重複的次數

將要重複的指令方塊放到這裡

# 密碼燈光秀 3

## 愛心亮起來！

蛋糕完成了，
接下來試試看愛心吧！

| 01 | 06 | 07 | 12 | 13 | 18 |
|----|----|----|----|----|----|
| 02 | 05 | 08 | 11 | 14 | 17 |
| 03 | 04 | 09 | 10 | 15 | 16 |

重複 3 次
執行
　　選取　陣列彩色燈　顯示　長 6 ▼　寬 3 ▼

| 01 | 02 | 03 | 04 | 05 | 06 |
| 12 | 11 | 10 | 09 | 08 | 07 |
| 13 | 14 | 15 | 16 | 17 | 18 |

等待 1 秒 ▼
關閉　彩色燈
等待 1 秒 ▼

好棒喔！
我來唱歌！

PyCode

54

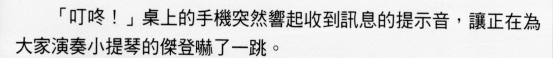

　　「叮咚！」桌上的手機突然響起收到訊息的提示音，讓正在為大家演奏小提琴的傑登嚇了一跳。

　　爸爸湯姆說：「啊！是小波和莉莉傳來的訊息，有一段要給媽媽的影片喔！」

　　「真的嗎？」傑登聽到是小波和莉莉，知道是慶生的驚喜訊息傳來了，不禁會心一笑。他立即邀請爸爸和媽媽，一起在沙發上坐下，說：「不知道是什麼影片，我們一起看吧！」

　　按下播放鍵後，只見巴士上燈光不斷變化著，有長有短，像是一組密碼。接著出現燈光蛋糕，然後是一顆大大的愛心，還有小波和莉莉圍著一輛模型巴士唱著〈生日快樂〉歌。這時，傑登也跟著一起唱。

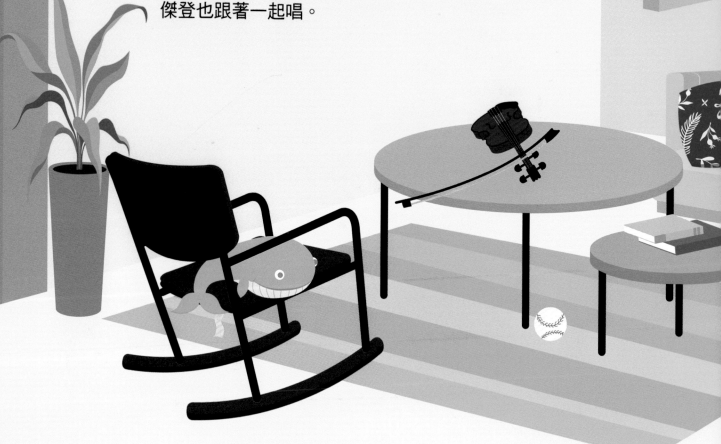

「媽媽！生日快樂！」傑登開心地說：「這是我們送您的生日驚喜」。

「這真是太有趣了！謝謝！」媽媽艾米開心地抱緊傑登，對爸爸湯姆說：

「趕緊來幫我破解燈光密碼吧！」。

## 楊棨棠（蟲蟲老師） │ 臺南市寶仁國小自然科教師

回憶小時候，我們是不是也曾經害怕祕密被發現，或是傳字條的時候怕中間傳遞的人會偷看，所以跟朋友們一起創造了一堆有趣的符號，只要利用這些符號進行溝通，就只有我們自己的好朋友才會知道意思呢？

這看起來似乎只是孩子間的遊戲，但在資訊發達的年代，卻是很重要的一環，因為轉換成密碼的方式，可以有效保護我們的資料不被有心人士截取與盜用。沒想到我們小時候在玩的遊戲，卻跟安全的網路通訊有很大的關係吧？

究竟要如何把我們的訊息加密，又如何讓訊息可以有效地傳遞又不會外洩呢？這本書從最簡單的加密方法，到常見的摩斯密碼，再到利用旗語或絢麗燈光秀進行通訊，搭配程式應用與撰寫，讓你對於密碼學有更進一步的了解。

就讓我們跟著《密碼攻防戰》一步一步進入程式語言與密碼交互作用的世界吧！

## 謝宗翔（KK 老師） │ 新竹市建華國中教師

「余憶童稚時，為怕手上之情書被老師所截，故能轉為祕文，女孩見紙條，必細察其原理而得原文，故時有物外之趣……」打開《密碼攻防戰》這本書，一開始的故事就讓我這老人家會心一笑。這個資訊科學中經典的加密學單元，竟然引起了我腦海中那段青澀的回憶。

「祕密」這種東西很奇妙，如果這件事全天下只有我自己知道，其實那就稱不上是個祕密。它必須要跟某個人（或是特定的幾個人）分享，只有掌握那個僅限我們知道的方法，才能知道真正的內容。而其他不相干人等，就算看到了，其實也是已經被我們掩蓋住的東西。

當然啦，加密、解密的需求，也不是只有傳傳小紙條、交換日記本才用得到。嚴肅一點的像是在通訊不便的時候，有替代的傳遞方法，甚至在戰爭時可以不讓敵軍截獲機密軍情等，都是它們派上用場的機會。

只是，在資訊科學的世界中，一談到加密學就會用到很多好像很可怕的數學觀念，這對第一次想接觸它的人來說，總是不禁讓人有點害怕。ＫＫ老師覺得，小朋友們可以透過《密碼攻防戰》認識一些好玩的加密學原理，透過故事與遊戲，沒有壓力、愉快地踏入資訊科學的領域，真的是一件很棒的事！

而且相較於一般的科普讀物，書後還有與現實結合的 **PyCode** 單元，讓有興趣的小朋友們可以將演算法與現實整合，這對概念的實踐、興趣的發展，也都是很棒的結合。

ＫＫ老師在普及化資訊教育努力了這麼久，覺得這本書真的很適合推薦給大家，真心不騙喔！

# 黃志忠（老雷 Rex Huang）

## 臺北市福星國小複式童軍團團長、中華民國童軍總會國家研習營訓練組員

看到童軍總讓人聯想到削竹筷子（火煤棒）、綁繩結、睡帳篷，事實上童軍是一套透過做中學（**Learning by doing**）來協助兒童青少年素養養成的方法。近年來教育界強調「動手自造」的「創客風」與童軍運動所使用的方法相當契合，動手做一直是童軍人很強調的「童軍 **Style**」。

童軍其實就是一種生活技能訓練，最適合在日常中落實扎根。童軍技能裡的戶外觀察、方位訊號、野營、探索、救生，無非是希望豐富兒童青少年的生活，也誘發他們能夠面對未來多變的生活有更多創意。

然而隨著科技的進步，許多傳統童軍訓練方式逐漸被忽略，例如過去常使用的摩斯電碼、旗語通訊等技能，逐漸被手機、電腦等快速大量的網路資訊取代，其實這反而剝奪孩子選擇訊息與觀察訊息的能力養成。常聽人說我們是用過去的方法教現在的孩子面對未來的問題，所以教育者拼命要追上新科技，身為大人的我們有時也迷失在快速成長的資訊世界裡，卻忘了最基礎的生活訓練才是孩子一生帶著走的能力，例如學習訊號接收與觀察訊息真偽，在未來必定是一項重要的生活能力。

《密碼攻防戰》這本書從密碼故事出發，在各種不同情境中介紹適合的通訊方式，再到結合程式語言想出新的創意通訊，是一本認識訊號與資訊的入門書，無論您是不是童軍夥伴，我都很樂意推薦給您。

動動腦解答

**P13.**

→ 1. 解答：派奇來我們家一年了！
→ 2. 解答：週日要替派奇辦生日派對。
→ 3. 解答：今天下課之後，要不要來我家討論派對計畫呢？
→ 4. 解答：我要送新電池給派奇當生日禮物。
→ 5. 解答：那你想要送什麼呢？

**P15.**

→ 1. 解答：CAR
→ 2. 解答：BOOK
→ 3. 解答：ROBOT
→ 4. 解答：PENCIL
→ 5. 解答：CUP

**P17.**

→ 1. 解答：JANE（珍）
→ 2. 解答：ALLY（艾莉）
→ 3. 解答：KEN（肯）
→ 4. 解答：JOE（喬）
→ 5. 解答：CINDY（辛蒂）

**P23.**

→ 1. 解答：五個同學
→ 2. 解答：三個生日蛋糕
→ 3. 解答：六個禮物
→ 4. 解答：2 支蠟燭
→ 5. 解答：公園裡舉辦

**P25.**

→ 1. 解答：人山人海
→ 2. 解答：花好月圓
→ 3. 解答：車水馬龍
→ 4. 解答：七嘴八舌
→ 5. 解答：耳目一新

## AI 科學玩創意
# 密碼攻防戰

AI 科學系列：AISA0006

作　　者：王一雅
繪　　者：張芸荃
責任編輯：王一雅、陳怡潔、陳照宇
美術設計：張芸荃
策　　劃：目川文化編輯小組
審　　稿：楊棨棠
科技顧問：趙宏仁
程式審稿：吳奇峯
教學顧問：翁慧琦
出版發行：目川文化數位股份有限公司
總 經 理：陳世芳
總 編 輯：林筱恬
美術指導：巫武茂
發行業務：劉曉珍
法律顧問：元大法律事務所　黃俊雄律師
地　　址：桃園市中壢區文發路 365 號 13 樓
電　　話：(03) 287-1448
傳　　真：(03) 287-0486
電子信箱：service@kidsworld123.com

密碼攻防戰 / 王一雅作；張芸荃繪 . -- 桃園市：目川文化數位
股份有限公司，2022.07
60 面；22x23 公分 . -- (AI 科學玩創意)(AI 科學系列；
AISA0006)
ISBN 978-626-95460-8-4( 平裝 )
1.CST: 電腦教育 2.CST: 電腦程式語言 3.CST: 初等教育
523.38　　　　　　　　　　　　　　　111004165

網路商店：**www.kidsworld123.com**
粉絲專頁：**FB「目川文化」**
電子教具：泓鉅科技股份有限公司
印刷製版：長榮彩色印刷有限公司
總 經 銷：聯合發行股份有限公司
電　　話：(02) 2917-8022
出版日期：2022 年 7 月
I S B N：978-626-95460-8-4
書　　號：AISA0006
售　　價：480 元